LE RAPIN,

SCÈNES D'ATELIER, MÊLÉES DE COUPLETS,

PAR MM. COGNIARD FRÈRES, ET St. AGUET,

REPRÉSENTÉES A PARIS, POUR LA PREMIÈRE FOIS,
SUR LE THÉATRE DU PALAIS-ROYAL,
LE 26 SEPTEMBRE 1836.

PRIX : 2 FRANCS.

PARIS,

J.-N. BARBA, LIBRAIRE,

PALAIS-ROYAL, GRANDE COUR, DERRIÈRE LE THÉATRE FRANÇAIS,
PRÈS DE CHEVET.

1836.

PERSONNAGES. ACTEURS.

PAUL, jeune peintre. — M. Germain.
FIRMIN, camarade de Paul. — M. Galle.
HENRI,   *idem.* — M. Fauchère.
PINGOT, rapin. — M. Alcide Tousez.
MARDOCHÉE, modèle. (50 ans.) — M. Boutin.
M. DUBLANC, brocanteur. — M. Lhéritier.
LOUISE, ouvrière en dentelles. — Mme Pernon.
Trois autres jeunes Peintres.

La Scène se passe à Paris.

Imp. Chassaignon, r. Gît-le Cœur, 7.

LE RAPIN,

SCÈNES D'ATELIER, MÊLÉES DE COUPLETS.

Le Théâtre représente un atelier de peinture. — Porte au fond, au milieu. — A gauche, deuxième plan, petite porte; du même côté, premier plan, une fenêtre, au-dessus, une planche qui supporte des bustes en plâtre. — A droite, premier plan, une autre fenêtre. — Accessoires d'atelier, tels que chevalets, tableaux, bustes, plâtres, etc., etc. — Un mannequin recouvert d'un manteau, et sur la tête duquel est un chapeau ordinaire, se trouve au fond, à gauche.

SCÈNE PREMIÈRE.

PAUL, FIRMIN, HENRI, MARDOCHÉE, PEINTRES.

(*Les peintres sont en séance. — Mardochée, au milieu et un peu au fond sur un marche-pied, pose le personnage de Roger délivrant la belle Geneviève. Il a un casque sur la tête, une cuirasse, un carton en guise de bouclier, un appuie-main en place de lance. — Les élèves sont rangés des deux côtés; Paul est à droite, Henri, Firmin à gauche; les autres élèves sont dispersés à différentes places.*)

ENSEMBLE.

Air *des Chevau-légers.* (Du Pré aux Clercs. — Savonnette impériale.)

Allons, amis, point de paresse,
Et travaillons, ici, tous de bon cœur ;
Le travail chasse la tristesse;
Les beaux-arts, voilà le bonheur!
Le vrai bonheur! (*bis.*)
Oui, travaillons, amis, et de bon cœur.

PAUL, *à part, regardant au dehors, par la fenêtre de droite.*

Chaque jour, de cette fenêtre,
O ma Louise, je te vois!
Et je travaille mieux cent fois
Quand ton doux regard me pénètre!

MARDOCHÉE, *posant, sans bouger.*

Ça devient fatigant, ma foi ;
Mais que de gens voudraient bien être
En place aussi long-temps que moi!

(*Reprise de l'Ensemble.*)

Allons, amis, point de paresse,
    Etc., etc.

FIRMIN, *regardant son tableau.* Roger délivrant Angélique!... C'est un peu bien pour une exposition!

HENRI. Pauvre Angélique!.. exposée deux fois... la première, à la gourmandise d'un gros homard ; la seconde, à la critique du public sur le tableau de Firmin.

FIRMIN. C'est bon, c'est bon... mauvais plaisant! pense plutôt à ton ouvrage. (*regardant le travail de Henri.*) Oh! fameux!.. il a copié la barbe de Mardochée!

PAUL, *sans quitter son chevalet.* Vraiment?

HENRI. Hé bien?..

FIRMIN. Hé bien! est-ce que jamais Roger a eu de la barbe?

HENRI. Pourquoi pas? Il me semble que pour combattre un monstre de cette taille-là, il ne fallait pas être blanc-bec. — D'ailleurs, pourquoi Mardochée n'a-t-il pas fait couper sa barbe?

MARDOCHÉE, *sans bouger.* Couper ma barbe!.. vous divaguez, cher ami... la barbe, c'est le modèle!.. et l'on rasera la colonne avant de me raser le menton.

PAUL, *à Henri.* Tu en seras quitte pour faire la barbe à Roger.

FIRMIN. Allons, Mardochée, assez, mon vieux ; remets tes muscles dans ta poche... un temps de repos.

MARDOCHÉE, *cessant de poser.* C'est pas de refus. — Ce diable de casque offensait prodigieusement mon occiput ; il pèse au moins quarante livres.

FIRMIN. Hé bien! nos ancêtres portaient ça comme nous portons un bonnet de coton.

PAUL. Ou un casque en cuir.

MARDOCHÉE. Un casque en cuir!.. comme l'espèce humaine dégringole!.. (*Il va porter le casque dans le vestiaire.*)

FIRMIN, *derrière Paul et examinant son tableau.* Brrrr!.. dis donc, Henri, veux-tu voir quelque chose de soigné?

PAUL. Allons donc!

FIRMIN. Viens voir ça... venez tous... Corbleu, Paul, quelle chique!..

HENRI, *derrière Paul.* Fichtre! c'est ficelé!

FIRMIN. Dites donc, si ce tableau était celui du concours pour le grand prix de Rome, nous pourrions en faire notre deuil... Heureusement que nos ouvrages y sont depuis un mois [*].

---

[*] Henri, Firmin, Paul.

PAUL. Oh! je t'en prie, ne r'ouvre pas mes blessures, en me parlant du concours... Quand je pense que c'est aujourd'hui que tout se décide... et qu'un autre que moi...

FIRMIN. Laisse donc... tu espères tout autant que nous...

PAUL. Vous savez bien, mes amis, avec quel découragement j'ai fait mon esquisse, après avoir changé trois fois la composition de mon tableau... c'est de rage qu'en quelques heures j'ai jeté le tout sur ma toile... Je vous le jure, je n'ai plus d'espoir que dans l'exposition du Louvre.

FIRMIN. Oh! je te réponds que tu obtiendras les honneurs du salon; car, sans flatterie, Paul, tu t'es surpassé.

(*Les peintres retournent à leurs places; Mardochée rentre.*)

PAUL. Merci, mes amis!.. merci!.. (*à part, regardant du côté de la fenêtre à droite.*) Oh! oui, c'est bien, j'en suis sûr!. Et comment ne pas réussir, comment ne pas être inspiré, quand elle est là... toujours... à sa fenêtre... pauvre petite, travaillant pour sa mère... et pensant à moi... et me regardant par le coin de son rideau qu'elle soulève à toute minute... Chère Louise, c'est pour toi que je travaille!

FIRMIN, *qui a regardé Paul en dessous.* Hum!.. hum!..

HENRI. Hem! hem...

FIRMIN, *bas.* Revoilà Paul.., le nez au vent.

PAUL, *se remettant vivement à l'ouvrage, à part.* Pourvu qu'ils ne se doutent de rien.

HENRI. Dis donc, Firmin, as-tu encore des cigarrettes?

FIRMIN. Non, Héloïse m'a consommé tout hier soir.

MARDOCHÉE. Elle fume donc, votre Héloïse?

FIRMIN. Qu'est-ce que ça à d'étonnant?.. toutes les femmes fument à présent... le tabac est à la mode.

MARDOCHÉE.

Air *du Piège.*

Vraiment!... le beau sexe y prend goût?

FIRMIN.

Oui, c'est reçu... c'est bonne compagnie.

MARDOCHÉE.

Ces femm's, faut que ça connaiss' tout!
Quel raffin'ment de coquett'rie!
Près d'une belle, afin d'être en faveur,
Faudra maint'nant, ô coutumes bizarres!
Lui fair' présent, pour subjuguer son cœur,
D'un cachemire et d'un paquet d' cigarres,
Au cachemir' faudra joindr' les cigarres.

FIRMIN. Je me bornerai à offrir le second article. En attendant passe-moi le caporal.
HENRI. A toi!.. (*Il lui jette un paquet de tabac.*)
MARDOCHÉE, *derrière Paul, bas.* M. Paul...
PAUL, *bas.* Hé bien?.. l'as-tu vue?..
MARDOCHÉE. Fort bien.
PAUL, *bas.* As-tu la réponse à ma dernière lettre?
MARDOCHÉE, *bas.* Non, elle veut vous l'apporter elle-même.
PAUL, *bas.* Comment?
MARDOCHÉE, *bas.* Ici même, à midi... elle viendra... Faudra éloigner vos camarades.
PAUL, *bas, avec joie.* Ici, elle viendrait ici!..
MARDOCHÉE, *bas.* Oui, mais ne vous pressez pas de rire; la petite avait l'air triste en me disant ça... et je crains qu'il y ait du grabuge, des obstacles...
PAUL, *bas.* Oh! je les surmonterai... Est-ce tout?..
MARDOCHÉE, *bas.* Il faudra lui faire un signe quand le moment sera favorable... mais éloignez les autres.
PAUL, *bas.* Oui. (*haut.*) Dites donc, messieurs, c'est ce matin la décision du jury pour le grand prix... il faut se dépêcher de déjeûner.
FIRMIN. Paul a raison; il est déjà tard.
HENRI. Allons déjeûner... et de là, à l'académie.
MARDOCHÉE. Oh! oui, déjeûnons; j'ai soif.
FIRMIN. Déjeûnons, c'est très-bien... mais avec quoi?
HENRI. Comment, est-ce que Pingot, le Rapin, n'est pas encore revenu?
FIRMIN. Pas plus de Pingot que sur ma palette!
HENRI. Oh! le flâneur de Rapin! (*appelant par la fenêtre de gauche.*) Pingô... ô.. ôt!..
FIRMIN, *par la fenêtre aussi.* Rapin.. oh!.. oh!.. Ah! je le vois.. il est au bout de la rue... il regarde un omnibus accroché par une charrette.
HENRI. A propos du Rapin, vous ne savez pas une chose... il est amoureux.
FIRMIN. Bah!
HENRI. Vrai.—Depuis quinze jours il pousse de gros soupirs devant sa tête de Minerve, dont il ne peut achever le hibou.
FIRMIN. Pour lui apprendre à faire ainsi attendre notre déjeûner... faisons-lui une farce.
TOUS. Oui, une farce au Rapin!
UN ÉLÈVE. Le pot à l'eau!
FIRMIN. Non, c'est commun... une corde en bas de la porte... le salut forcé.
MARDOCHÉE. Doucement, doucement... ça le ferait tomber, et le vin répandrait... Pas d'imprudence.
FIRMIN, *s'approchant de Henri qui est allé au tableau de Pingot, et*

a donné quelques coups de pinceau. Oh! très-bien... une mouche sur le nez de sa Minerve... Je gage que le Rapin s'y laissera prendre.

PAUL, *à part.* Qu'il me tarde de les voir partir!

TOUS. Voilà Pingot!   (*Tout le monde reprend sa place.*)

SCENE II.

LES MÊMES, PINGOT.

(*Il est chargé d'un panier de comestibles et a un pain sous le bras et des artichauts qui sortent de ses poches. Il entre avec méfiance ; il regarde au-dessus de sa tête, puis à ses pieds, pour s'assurer qu'on ne lui a tendu aucun piège.*)

PINGOT. C'est moi, c'est moi; c'est le joyeux Pingot. (*à part.*) Pas de niche aujourd'hui..... c'est égal, je me méfie..... (*haut.*) Voilà la nourriture demandée. — Je redois six liards à la fruitière; elle m'a fait crédit sur ma bonne mine.

FIRMIN. Rapin, vous êtes à l'amende.

PINGOT. Comment, à l'amende! (*à part.*) Voilà les couleurs qui commencent... patience! j'aurai mon tour.

FIRMIN. Rapin, vous êtes en retard... vous nous faites jeûner.

PINGOT. C'est pas ma faute.

HENRI. C'est la faute de l'omnibus accroché, n'est-ce pas?

PINGOT. Voilà bien le monde injuste!.. Faites donc de belles actions!.. Vous ne savez pas pourquoi je suis en retard... hé bien, c'est parce que j'ai sauvé la vie à un homme.

TOUS. Toi, Rapin, pas possible!..

PINGOT. Vrai comme il fait jour...

MARDOCHÉE. Conte-nous ça, jeune héros!

PINGOT. Voilà le trait. (*à part.*) Du toupet. (*haut.*) Ce matin, un colleur applique une affiche monstre de quarante pieds environ, sur la grande maison qui fait le coin, vous savez?.. V'là l'affiche plaquée, bon!.. mais l'imprudent colleur n'avait pas remarqué, dans l'enfoncement du mur, une guérite enjolivée de son factionnaire qui dormait naïvement dedans; et le malheureux avait collé dessus. Notre bizet s'éveille, et se trouve enseveli, étouffé, asphyxié... Moi, je venais de sortir pour le déjeûner... j'entends des cris plaintifs, j'accours, je m'informe... et sans balancer... crac!.. je m'élance au travers du papier, comme la jument de M. Franconi; je franchis l'obstacle... je rends un père à ses enfans, un défenseur à la patrie... et je me dérobe à l'admiration et aux applaudissemens de la foule amassée!!!

TOUS. Bravo, le Rapin, bravo!

PINGOT, *à part.* En v'là une colle !

FIRMIN. Si c'est de ton invention, ça n'est pas trop mal. Maintenant nos provisions... mes saucisses !

PINGOT. Vous m'avez demandé des saucisses, M. Firmin ?.. Ah ! pardon... je vous ai apporté des artichauds.

FIRMIN. Des artichauds !..

PINGOT, *à part.* Première couleur !

FIRMIN. Comment, imbécile ?.. (*Il lui donne une tape.*)

PINGOT. Imbécile... on peut se tromper.

HENRI. Mon jambon ?

PINGOT. Du jambon... vrai ? c'est du jambon que...

HENRI. Voyons, te dépêcheras-tu ?

PINGOT. Je suis désolé... mais j'ai entendu des pommes cuites.

HENRI. Des pommes cuites !

PINGOT, *à part.* Deuxième couleur.

HENRI. Maladroit !.. (*Il lui donne une tape.*)

NARDOCHÉE. Et mon demi-litre ?

PINGOT. Vous avez sollicité un demi-litre, modèle ?

NARDOCHÉE. Oui, monsieur.

PINGOT. Modèle, j'ai compris du fromage mou.

NARDOCHÉE. Du fromage mou ! Est-ce que tu veux me faire poser ?

PINGOT. Il est bien frais, parole. (*à part.*) troisième couleur.

TOUS. Hé bien, et nous ?.. mon cervelas ? mes poires ? mon Roquefort ?

PINGOT. Tout est là, dans le panier. (*à part.*) Juste le contraire de ce qu'ils m'ont demandé ; ils enragent, ça m'amuse.

FIRMIN, *bas à ses camarades.* Il a voulu se moquer de nous ; laissez-moi faire. (*haut à Pingot.*) Rapin, avant le déjeûner, tu vas t'exercer à poser le griffon qui sert de monture à Roger : l'animal nous manque, tu le remplaceras.

TOUS. Oui ; oui, c'est cela.

PINGOT. Que je pose un griffon... fi donc !.. je n'ai rien de commun avec ce quadrupède fabuleux... Fi donc ! fi donc !.. je refuse.

FIRMIN. Tu refuses ?

PINGOT. Complètement.

FIRMIN. Apportez le règlement à monsieur. (*un élève donne à Pingot une pancarte qu'il décroche du mur.*) Rapin, lisez le règlement de l'atelier.

PINGOT. Il est fameux, votre règlement... un tas de bêtises... Voyons, où ça ?..

FIRMIN. Lis toujours, ton article viendra.

PINGOT, *lisant.* « *Article premier et spécial.* Le vrai bonheur est « dans le sein de la vertu.

« *Art.* 2. Chaque élève, en entrant dans l'atelier, doit ap-

« porter un certificat de bonne vie et mœurs, et deux livres de
« tabac. » (s'interrompant.) Mais ça n'a aucun rapport...
FIRMIN. Continuez, Rapin, ça va venir.
PINGOT, continuant. « Art. 3. Passé soixante-dix ans, on ne
« prend plus d'élèves.
« Art. 4. On déjeûnera dans la petite chambre au bout du
« corridor, pour ne pas faire de croûtes dans l'atelier.
« Art. 5. Il y a un perruquier attaché à l'établissement.
« Art. 6. Le Rapin sera la femme de ménage de l'atelier ; il
« fera les commissions et chantera des romances quand on
« l'exigera. » (à part. Ça m'est égal, parce que j'ai du timbre.
« Art. 7. »
FIRMIN. Nous y voilà.
PINGOT, poursuivant. « En cas de nécessité, ledit Rapin posera
« pour toute espèce d'accessoires, tels que chiens, chats, troncs
« d'arbres, colonnes, trottoirs, bateaux à vapeur, obélis-
« ques, etc., etc., etc., etc. » Et on appelle ça un réglement !..
c'est-à-dire que c'est du déréglement. Mais, ciel de dieu ! je n'ai
rien d'un griffon.

MARDOCHÉE. Qu'importe, monsieur !.. un homme bien con-
formé peut poser toute espèce d'animal et de végétation. Moi
qui vous parle, j'ai posé le chien dans le Boissy-d'Anglas de
M. Court... et je me flatte qu'il est nature.

PINGOT. Mais, farceur de barbu, si pourtant on vous disait de
poser un chemin de fer?

MARDOCHÉE, gracement. Je le poserais, monsieur !
PINGOT. C'est un peu fort !.. Et un champ de blé?
MARDOCHÉE, de même. Je le poserais, monsieur.
PINGOT. Avec les bleuets?
MARDOCHÉE, de même. Et les coquelicots.
PINGOT. Oh !..
TOUS, entourant Pingot. Allons, vite !.. à quatre pattes.
PINGOT, obéissant. M'y voici... que c'est humiliant, grand
dieu ! que c'est humiliant !

(On fait prendre une pose à Pingot. Dublanc entre.)

SCÈNE III.

LES MÊMES, M. DUBLANC.

DUBLANC. Ne vous dérangez pas, c'est moi.
TOUS. Ah ! c'est le père Dublanc ! bonjour, père Dublanc.
PAUL, à part. Encore un bavard...
DUBLANC. Bonjour, mes enfans, bonjour. — Hé bien, les arts,
le travail, ça va-t-il ?

FIRMIN. Très-bien, merci.

PINGOT, *qui a marché jusqu'à lui à quatre pattes et lui frappe les mollets en jappant comme un petit chien.* Nous ne disons rien au griffon?.. papa Dublanc... comment que ça va, vous et votre portière?

DUBLANC, *s'éloignant.* M. Pingot, ne commencez pas vos bêtises. (*à part.*) Ce garçon là est mon antipode. Hé bien! mes amis, allons-nous faire du commerce ensemble? Vous savez que je ne suis pas cher.

FIRMIN. Parbleu! pas assez. (*à part.*) Le vieux juif!

DUBLANC. Ah! dame! que voulez-vous? la main-d'œuvre est si bon marché... Voyons, qu'est-ce que vous me vendrez?

PINGOT, *qui a été chercher sa tête de Minerve.* Tenez, père Dublanc, voulez-vous acheter ma tête de Minerve?.. C'est soigné ça... et pas cher, pas cher, ya pas à dire.

DUBLANC, *mettant ses lunettes.* Oh! ça n'est pas fort... et puis c'est incomplet.

PINGOT. Il manque le hibou; c'est vrai... mais vous poserez... et il sera parfait... Voyons, combien en donnez-vous?

DUBLANC. Merci, merci.

PINGOT. Ça ne vous flatte pas, parce qu'elle a une mouche sur le nez... Il faut peu de chose pour vous... il faut peu de chose... il faut... (*tout en parlant, il essaie de chasser la mouche; il souffle, il donne une chiquenaude, puis il essaie de l'attraper à deux ou trois reprises, puis finit par s'apercevoir de la supercherie.*) Oh! que c'est bête!.. que c'est petit!.. une mouche! (*tous les élèves rient.*) Oui, riez, c'est très-joli... Je suis sûr que c'est M. Henri...

HENRI. Moi! plus souvent.

(*Il fait signe à Pingot que c'est Paul qui tourne le dos et regarde par sa fenêtre.*)

PINGOT. Ah! ça ne m'étonne pas. (*à part.*) Le voilà encore à la croisée qui fait des signes à la petite... décidément c'est un rival. —Je ne peux pas voir cette fenêtre-là sans jalousie. Ça et la mouche, c'est bon.

DUBLANC, *allant vers le tableau de Paul.* Hé bien! M. Paul... notre tableau est fini.

PAUL. Vous voyez!

DUBLANC, *à part.* Voilà une bonne affaire... il est temps de la conclure. (*Il prend une prise.*)

PINGOT. Tiens, père Dublanc, vous avez là une bien jolie tabatière; prêtez donc un peu.

DUBLANC. Hein?

PINGOT. Non, c'est pour voir... (*à part.*) J'ai justement du fusain pilé. (*il jette le tabac et met du fusain en place.*) Elle est très gentille, bon goût.

DUBLANC. Oui, c'est un cadeau de ma défunte.

PINGOT. Ah! de la mère Dublanche... Une prise, s'il vous plaît.

(*Il prend une prise qu'il jette à terre; Dublanc en prend une franchement et se barbouille le nez de fusain. Tout le monde rit.*)

DUBLANC, *regardant ses doigts*. Qu'est-ce que c'est que ça? Mauvais drôle, encore un tour de votre façon!

PINGOT. Oui, oui, oui; tant que vous ne m'aurez pas donné de vos vrais cheveux, je vous ferai des niches... Une mèche de cheveux, ou guerre à mort!..

FIRMIN, *riant*. Allons, silence, Pingot!

DUBLANC, *s'essuyant, bas à Paul*. Monsieur Paul, je voudrais vous parler en particulier... tout de suite.

PAUL. A moi? bien.

PINGOT, *derrière Dublanc*. Tiens, mon bonhomme, deux vessies de couleur dans ta poche... ça te fera un mouchoir à vignettes.   (*il lui fourre deux vessies dans la poche.*)

PAUL, *bas, à ses camarades*. Mes amis, allez déjeûner; moi, je reste ici... J'ai une affaire importante à conclure avec M. Dublanc.

FIRMIN, *bas à Paul*. C'est pour acheter ton tableau : ne te laisse pas mettre dedans. (*haut.*) Allons, messieurs...

TOUS. Allons déjeûner.

FIRMIN, *sautant sur les épaules de Pingot*. Et toi, Rapin, en avant de la colonne!.: en avant, marche!

PINGOT. Voulez-vous bien descendre!.. vous m'étranglez le dos...

FIRMIN. Art. 17 du règlement. « Le Rapin prêtera ses épaules à l'élève fatigué qui voudra faire une promenade à âne. » Par file à droite, au petit trot!

PINGOT. Quelle dégradation!.. Mais vous me mettez donc bien au-dessous de vous?.. Je trouve qu'ils me mettent bien au-dessous d'eux!

TOUS. En marche!

ENSEMBLE.

Air *de don Juan.*

Sans qu'on l'écoute,
Allons, en route!
Pour déjeûner
Cessons de badiner.

PINGOT.

Que l'on m'écoute!
J' vous laisse en route,
Pour déjeûner
Cessez de badiner.

(*Tous les peintres sortent.*)

SCENE IV.

DUBLANC, PAUL.

PAUL. Voyons, M. Dublanc, dépêchons s'il vous plaît... je suis très pressé. De quoi s'agit-il?

DUBLANC. Je serai bref, cher ami, très bref... Voici l'affaire en trois mots : Un Allemand de ma connaissance...

PAUL, *à part, allant vers la fenêtre.* Si elle allait venir!

DUBLANC, *continuant.* Homme très riche, et avec lequel je fais des affaires... Hé bien! vous allez prendre l'air à la fenêtre au lieu de m'écouter.

PAUL, *revenant.* Pardon... j'ai parfaitement entendu... Vous dites donc qu'un Anglais de votre connaissance...

DUBLANC. Un Allemand... ne confondons pas... un Allemand.

PAUL. Peu importe! (*à part.*) Elle n'est plus à sa fenêtre.

DUBLANC. Je vous disais donc (*mouvement d'impatience de la part de Paul.*) que j'ai pour connaissance un Allemand très riche, espèce de monomane, dont la folie, heureusement pour mon commerce, change de caractère à chaque saison. Il y a six mois, il avait la fureur des coquillages et des antiquités; trois mois après, il s'agissait d'autographes et de singes savans... Je me suis procuré, non sans peine, cinq singes dansant sur la corde et la signature de Louis le Hutin... Aujourd'hui mon homme s'est pris tout-à-coup d'une passion désordonnée pour la peinture.

PAUL. Eh bien! que voulez-vous que j'y fasse?

DUBLANC. Un instant, cher ami, écoutez-moi jusqu'au bout; je serai bref.—Une exposition doit avoir lieu à Francfort; notre Allemand ne s'est-il pas fourré dans la tête qu'il devait exposer!.. Une petite difficulté, c'est que sa peinture est pitoyable... la croûte, voilà son genre; ce qui n'empêche pas qu'il veut être artiste coûte que coûte!.. et comme il sait qu'un brocanteur, ça tient de tout, il m'a chargé de lui procurer une réputation... bon marché... d'un prix raisonnable.

PAUL, *impatienté.* Mais où voulez-vous en venir? Pour dieu, dépêchons.

DUBLANC. Nous y voici, cher ami... je serai bref... Ce qu'il faut à mon amateur, c'est un bon tableau tout fait... et que l'auteur consentirait à ne pas signer... comprenez-vous? Vous êtes pauvre, M. Paul, mais vous avez du talent, et je veux vous faire profiter de l'occasion qui se présente. Donnez-moi ce tableau que vous venez de terminer... donnez-le-moi... sans signature; et ce soir je vous compte cinq cents francs... Hein? ça va-t-il? Cinq... cents... francs!..

PAUL. Que je vous donne mon tableau... sans signature! Non pas, monsieur, non pas; je refuse.

DUBLANC. Vous refusez?

PAUL. Oui, certes. Que votre Allemand aille chercher de la réputation où elle se vend, mais ce n'est pas dans nos ateliers!.. Vous connaissez mal les artistes, M. Dublanc, si vous espérez faire avec eux un pareil commerce.

Air : *Un page, etc.*

Un noble orgueil seul nous anime;
Ce qu'il nous faut, c'est la gloire! un renom!
Au bas d'une œuvre, imparfaite ou sublime,
Ici, monsieur, on met toujours son nom.
   Mais, parmi nous, que l'on découvre
   Un artiste souffrant tout bas,
S'il faut pour lui que chaque bourse s'ouvre,
Voilà, monsieur, ce qu'on ne signe pas.   (*bis.*)

DUBLANC. Certainement que tout cela est très beau... en théorie..

PAUL. Tenez, M. Dublanc, brisons là... D'ailleurs, si j'ai dû renoncer à l'espérance d'obtenir le grand prix de Rome, j'ai retrouvé pour peindre ce tableau toute l'énergie qui m'avait abandonné lors du concours, et j'attends avec confiance le jugement des artistes et l'exposition du Louvre.

DUBLANC. L'exposition!.. l'exposition!.. qu'est-ce que ça vous rapportera?

PAUL. De la réputation, monsieur, de la gloire!

DUBLANC. Oh! quand on prononce ces mots-là, on en a plein la bouche... Mais au bout du compte, ça ne nourrit pas... la gloire!

PINÇOT, *entrant avec précaution par le fond et se glissant derrière le chevalet de gauche.* Ils sont encore là!.. ne faisons pas de bruit.

DUBLANC. Je ne prends pas ça pour votre dernier mot... entendez-vous bien, cher ami; je reviendrai ce soir.

PAUL. Ce sera peine perdue.

DUBLANC. J'espère que non. (*à part.*) J'augmenterai la somme.

PAUL, *à part.* Il ne partira pas. (*haut et remontant la scène.*) Adieu, M. Dublanc... On m'attend pour déjeûner... pardon de vous quitter...

DUBLANC. Je vous accompagne.

PINÇOT, *à part.* Allez-vous-en donc.

PAUL, *à part.* Quel diable d'homme!

DUBLANC. Je veux dire adieu à ces messieurs... où sont-ils?
PAUL. Je vais vous conduire. (*à part.*) Je m'arrangerai pour qu'on ne vienne pas nous interrompre.

(*Paul et Dublanc sortent.*)

SCENE V.

PINGOT, *seul.*

Enfin les voilà partis!.. Bon! bravo! J'ai aperçu l'innocente grisette au bas de l'escalier; elle parlait au père Carotte, le portier... Il y a rendez-vous, bien sûr; il y a rendez-vous!.. Gredin de Paul! c'est pour lui... Il a été plus vite que moi... Il y a des gens qui ont un bonheur dégoûtant, ma parole! en v'là un... il se jeterait d'un troisième, qu'il tomberait sur un canapé... Mais minute, j'ai donné le mot aux autres... ils le retiendront, et la place me reste... O Louise! je vas te recevoir, te parler le premier!.. je vas te faire une déclaration, que mon rival en sera congédié trois minutes après... Car tu ne sais pas comme je t'aime... tu ne le sais pas, chère amie! Depuis six semaines enfin je change, que ça se voit à l'œil nu; je brûle, je bouzille mon ouvrage.

Air : *Ah! rends-moi mon léger bateau.*

Quand j' pense à toi, j' m'attendris comme un' biche,
Quand tu parais, j'ai des palpitations,
J' fais tout d' travers, j'oublie mes commissions,
Sur les trottoirs, j' te suis comme un caniche.
  Ah! rends-moi mes légers pinceaux,
    Ma palette flexible
    Et ma toile paisible!
  Ah! rends-moi mes légers pinceaux,
  Rends la chaleur à mes tableaux,
  Rends la a a.....

(*S'interrompant sur la roulade.*)

J'entends son frôlement... tenons-nous à l'écart, et puis montrons-nous comme un feu d'artifice.

(*Il se cache derrière le chevalet de Paul.*)

SCENE VI.

LOUISE, PINGOT, caché.

LOUISE, *entrant timidement.* Monsieur Paul, s'il vous plaît?.. est-ce ici? (*apercevant le mannequin qui lui tourne le dos.*) Ah!.. (*s'approchant en faisant une petite révérence.*) Pardon, monsieur, je voudrais parler à monsieur Paul.

PINGOT, *à part.* Oh! en v'là une bonne!.. elle salue le mannequin.

LOUISE, *à part.* Il ne m'entend pas. (*plus haut.*) Si vous pouviez, monsieur, sans vous déranger...

PINGOT, *à part.* Mais il ne peut pas, chère amie. Tu le chatouillerais, qu'il ne te répondrait pas, trop naïve jeune fille.

LOUISE, *s'approchant peu à peu, et touchant le mannequin.* Tiens! c'est une grande poupée!

PINGOT, *à part.* Une poupée!.. Oh! l'enfant!.. Son babil m'amuse.

LOUISE. Il ne vient pas!.. et, au milieu de toutes ces figures, voilà que la peur me prend... Je vais m'en aller.

PINGOT, *allant vers la porte.* C'est le moment de paraître comme une bombe lumineuse. (*Louise se dispose à partir; Pingot se présente brusquement devant elle.*) Mademoiselle!

LOUISE, *reculant effrayée, et jetant un cri.* Ah! monsieur, que vous m'avez fait peur!

PINGOT, *souriant.* Je vous ai fait peur?.. Ah! pardon! ah! pardon!

LOUISE, *riant.* J'ai cru que c'était ce mannequin...

PINGOT. Moi, un mannequin! oh! non... car ceci est inanimé (*il indique le mannequin.*) et ceci est sensible, (*il se montre.*) ceci n'a rien d'un automate. (*à part.*) Elle a souri... De la hardiesse, du bagou, et Paul est submergé. (*Haut.*) Mademoiselle, me reconnaissez-vous?

(*Il se pose, et s'arrange les cheveux avec affectation.*)

LOUISE. Oui, monsieur. (*à part.*) C'est le drôle de jeune homme que je rencontre partout. (*haut.*) Mais, pardon, j'étais venue pour parler...

PINGOT, *l'interrompant, avec assurance.* Mademoiselle, je m'appelle Pingot, Adhémar Pingot, élève en peinture... Vingt ans, quelques talens, un cœur d'étoupe, voilà pour le moral... le physique parle de lui-même... Hé bien! depuis que je vous connais, mademoiselle Louise...

LOUISE. Vous savez mon nom, monsieur... qui vous l'a dit?

pingot. Votre portière, que j'ai gagné à force d'or. (*à part.*) Je lui ai donné trente sous.

louise. Je ne comprends pas dans quelle intention?..

pingot. Vous ne comprenez pas, ô Louise! (*à part.*) Je vas l'appeler chère amie. (*haut.*) Chère amie, n'avez-vous donc pas deviné ce qui se passe là?.. Matin et soir, qu'est-ce qui s'attache à vos pas comme une fidèle levrette?.. Pingot, Adhémar Pingot! (*Louise veut parler; il poursuit.*) Du reste, vous me le rendez bien... vous me poursuivez aussi pas mal... vous courez un peu après moi, allons!

louise. Comment, monsieur, je cours après vous, moi?

pingot. Vous ou votre image, ce qui est la même chose. (*à part.*) Comme c'est fin! comme c'est amené!

louise. Mais c'est donc une déclaration que vous me faites là?

pingot. Si c'en est une?.. je crois bien. Oui, cher ange, oui, c'en est une... Il était temps que ça partisse. (*à part.*) Je vas la tutoyer. (*haut.*) Car, vous ne savez pas, cher ange, toutes les extravagances que je serais capable de commettre... à... ton intention. (*Louise fait un mouvement.*) Ah! ma foi, tant pire!... A ton intention! Pour être aimé de toi, ô Louise! mais je donnerais la plus gracieuse partie de mon existence!.. mais je m'en irais tous les matins à Bar-sur-Seine, en plein soleil et à jeûn... pour être aimé de toi, mais j'avalerais toutes ces petites vessies très-malfaisantes... Ah! mais, oui! (*à part.*) En v'là, en v'là de ces couleurs!

louise. Monsieur, si je ne prenais ce langage pour une plaisanterie... (*riant de la figure comique de Pingot.*) Mais, vraiment, comment se fâcher... (*Elle rit de nouveau.*)

pingot. Tu ris!.. Hier encore, en me regardant, tu riais, ô ma déesse!.. Pourquoi riais-tu?.. pourquoi ris-tu?

louise. C'est que vous êtes si drôle! (*Elle rit encore.*)

pingot, *désappointé.* Je suis drôle!.. Elle me trouve drôle!.. Ha ça! mais, dites donc, dites donc? la demoiselle d'en face. (*à part.*) Oh! je bisque! et très-fort. (*haut.*) Au surplus, je sais qui vous me préférez... je le sais... Tenez, je l'entends, votre monsieur Paul, mon rival odieux. (*à part.*) Oh! je me vengerai! (*Louise va vite vers la porte du fond. — A part.*) J'ai échoué comme une mazette! comme une dinde!.. Je me traite durement, mais je n'ai pas de ménagemens à garder avec moi... Oh!

(*Il se sauve par le vestiaire à l'arrivée de Paul, qui entre par le fond.*)

SCENE VII.

PAUL, LOUISE.

PAUL. Louise!

LOUISE. M. Paul!.. J'allais partir sans vous voir. (*regardant autour d'elle.*) Tiens! il n'est plus là! tant mieux!

PAUL. Pardon, chère Louise; je ne pouvais quitter plus tôt mes camarades sans exciter leurs soupçons... Maintenant, nous pouvons causer sans crainte... Qu'y a-t-il donc de nouveau?.. Mardochée m'a fait trembler... Auriez-vous quelque malheur à m'apprendre?

LOUISE. Hélas! oui, M. Paul; sans cela, je n'aurais jamais osé venir ici toute seule.

PAUL. Vous m'effrayez, Louise; parlez, parlez!

LOUISE. Vous ne m'en voudrez pas, n'est-il pas vrai, monsieur Paul?.. Oh! voyez-vous! ce n'est pas ma faute...et si vous deviez vous fâcher contre moi, je vous rappelerais ce que vous m'avez promis quand nous nous sommes parlé pour la première fois.

PAUL. Ce que je vous ai promis, Louise?.

LOUISE. L'avez-vous donc oublié?.. C'était un soir, maman était plus malade; elle venait de tomber en faiblesse... Épouvantée, je m'étais élancée hors de chez nous; je courais comme une folle, cherchant un médecin sans savoir où il y en avait... J'étais pâle, je sanglottais... quand vous vous êtes trouvé là, M. Paul, (*baissant les yeux.*) et il y avait long-temps que je vous rencontrais sur mon passage; mais c'était la première fois que vous me parliez... Dès que vous connaissez le sujet de mes larmes : « Restez auprès de votre mère, me dites-vous; soignez-la... je cours chez le médecin. » Bientôt, en effet, il arriva, et ma mère fut rappelée à la vie. Le lendemain, je vous rencontrai encore, et il fallait bien vous parler, car vous me demandiez des nouvelles de maman.

PAUL. Et ce jour-là, je vous ai dit que je vous aimais, Louise, et que je voulais, par mon travail, acquérir assez d'aisance pour demander à votre mère le droit de la soulager en devenant son fils... en vous épousant.

LOUISE. Et vous avez ajouté : « Quoi qu'il arrive, Louise, je vous promets, sur mon honneur, de ne jamais troubler votre tranquillité, et de cesser de vous voir, s'il s'élevait un obstacle à notre mariage. » Eh bien! M. Paul, (*essuyant une larme.*) ce mariage est maintenant impossible.

PAUL. Impossible!

LOUISE. Et c'est là ce qui me rend triste et malheureuse!

PAUL. Mais expliquez-vous donc, je ne vous comprends pas!

Rapin.

LOUISE. Écoutez-moi. — Mon père, en mourant, laissa une dette de deux mille francs... Ma pauvre mère, ne pouvant payer une pareille somme, demanda et obtint du créancier du temps et des facilités; elle souscrivit cinq billets, espérant, par son travail et le mien, parvenir à amasser cet argent; mais, par malheur, elle tomba malade. Il y a six semaines aujourd'hui que le premier billet est échu, un billet de quatre cents francs, et l'on a droit de le faire saisir chez nous.

PAUL. Une saisie! chez vous! chez votre mère malade!.. et vous ne me l'avez pas dit plus tôt!

LOUISE. Une fausse honte m'a retenue... et puis je vous savais peu fortuné... Mais écoutez jusqu'à la fin. — Ne prenant conseil que de mon désespoir, je me rendis, il y a quelques jours, chez notre créancier, pour le supplier d'attendre; cet homme, jeune encore, me reçut poliment, m'écouta avec attendrissement, puis vint voir ma mère le lendemain; et quand il fut parti : « Plus de misère! s'écria ma mère toute joyeuse, plus de chagrins, ma bonne Louise! M. Dupré, notre créancier, est amoureux de toi; il t'offre sa main... dis un mot, et je n'aurai plus à gémir sur mon sort, et je pourrai mourir tranquille! » En disant cela, M. Paul, ses larmes coulaient... et moi, en la voyant si vieille et si souffrante, je n'ai pas eu la force de dire non!

PAUL.

Air : *Avez-vous vu ces bosquets?*

Hé! quoi, Louise, hé! quoi, vous avez pu
Sacrifier toutes nos espérances?

LOUISE

Oui, monsieur Paul, tout doit être rompu;
Ah! plus que vous j'éprouve de souffrances!
Mais, sans regrets, j'accepte mes douleurs;
C'est mon devoir. Pauvre mère chérie!
Ah! qu'elle ignore, oubliant ses malheurs,
Que son enfant, pour essuyer ses pleurs,
    Doit en verser toute sa vie!

PAUL. Oh! c'est impossible, Louise; ton cœur est à moi, c'est mon bien... et tu veux que je le cède à un autre!

LOUISE. Mais puis-je dire à ma mère que je vous aime, et que je ne puis être heureuse qu'avec vous?

PAUL. Encore un mot... Ce M. Dupré, quand doit-il revenir?

LOUISE. C'est ce soir qu'il vient chercher ma réponse.

PAUL, *à lui-même*. Ce soir!.. cinq cents francs! comment faire?.. Ah! ce tableau!. Oh! oui, je ne dois pas balancer...

Pour elle, tous les sacrifices! (*haut.*) Louise, si vous m'aimez, si vous m'aimez comme vous le dites, dès aujourd'hui avouez tout à votre mère, refusez les offres de votre créancier, et ce soir vous aurez de l'argent.

LOUISE. Il se pourrait!.. Oh! alors, M. Paul, je vous le promets.

PAUL. Bien! — Comptez sur moi, chère Louise, et espérons que bientôt... (*on entend des voix dans le corridor.*) D'où vient ce bruit?

SCÈNE VIII.

LES MÊMES, MARDOCHÉE.

MARDOCHÉE, *accourant par le fond.* Hé! vite, hé! vite, sauvez-vous, mademoiselle!

PAUL. Qu'y a-t-il donc?

MARDOCHÉE, *à Paul.* Ce démon de Pingot vient de mettre tout l'atelier en l'air, en disant que vous étiez ici en tête à tête avec un modèle du sexe féminin, que vous vouliez cacher à tous les yeux.

LOUISE. Moi, un modèle?

PAUL. L'insolent!.. N'importe, Louise, il faut vous éloigner tout de suite... Je ne veux pas qu'ils vous voient.

(*Il la conduit au fond.*)

MARDOCHÉE, *les arrêtant.* Pas par là... vous tomberiez au milieu d'eux.

PAUL. Tu as raison; par le vestiaire.

MARDOCHÉE. Les voici! sauvons-nous!

(*Il entraîne Louise dans le vestiaire; Paul en referme aussitôt la porte.*)

SCÈNE IX.

PAUL, PINGOT, FIRMIN, HENRI, TOUS LES PEINTRES.

CHŒUR DES PEINTRES.

Air *du Boléro des Quadrilles espagnoles.* (Scène III, acte II, de Chut!)

Nous venons, jaloux,
Tous
Pour te surprendre,
Et pour t'apprendre

Qu'entre gens
Francs
Tout se partage ;
C'est l'usage.
Ils sont stupéfaits ;
Mais
Où donc est-elle ?
C'est le modèle
Que nous voulons ; il nous le faut
Tout aussitôt.

TOUS. Le modèle !
PAUL. Ha ça, qu'avez-vous donc ? que vous prend-il ?
TOUS LES PEINTRES. Le modèle ! nous voulons le modèle !
FIRMIN. Pas de monopole !
PINGOT, *cherchant partout.* Vénus est ici ! nous voulons Vénus !
PAUL. Mais vous êtes fous !.. j'étais seul avec Mardochée.
PINGOT. Oh ! oh !.. Bon, en v'là une de couleur un peu tricolore ; mais quand on vous dira qu'on a vu ici des jupons et des petits pieds qui trottinaient... avec un profil grec et des yeux napolitains... tout ça ne s'est pas envolé... et je parierais qu'en cherchant dans le vestiaire... (*à part.*) J'ai fermé la porte en dehors.
FIRMIN. Assiégeons le vestiaire !..
PAUL, *leur barrant le passage.* Messieurs, finissez, je vous prie.
HENRI, *l'entraînant loin de la porte.* Qu'est-ce que ça te fait ? puisque tu étais seul avec Mardochée.
PAUL, *à part.* Quelle position !
PINGOT, *à la porte du vestiaire.* Attention !.. je tourne le bouton.

(*Il va pour ouvrir la porte ; Mardochée sort du vestiaire et enfonce le casque de fer sur la tête de Pingot.*)

MARDOCHÉE. Casque en fer pour un ! Voilà !
PINGOT. Aïe ! aïe !.. oh !.. oh ! que c'est bête !.. ôtez-moi ça... ça m'écrase !
FIRMIN *et* HENRI. C'est Mardochée... Qu'est-ce que ça veut dire ?..
PAUL. Ça veut dire que le Rapin s'est moqué de vous.
PINGOT. C'est pas vrai !..

(*Il veut ôter son casque ; Mardochée l'en empêche.*

MARDOCHÉE. Art. 11 du réglement. — « Toutefois et *quantes* que le Rapin commettra quelque inconséquence, on le coiffera du casque antique, pesant trente livres, et il sera condamné à une heure de casque forcé. (*bas à Paul.*) Elle est sortie par le petit escalier.

PAUL, *à part.* Bien! (*haut à Pingot.*) Ça t'apprendra à faire le mauvais plaisant.

PINGOT, *fléchissant sous le poids du casque.* C'est accablant!.. je vas avoir la tête comme un boisseau! je sens mon nez qui se gonfle... j'aimerais mieux autre chose, faites-moi autre chose...

PAUL. Non pas, il faut que le réglement s'exécute.

PINGOT. Je monterai à l'échelle... je poserai sur la planche... je me mettrai la tête dans un seau d'eau... mais pas de casque.

FIRMIN. Non, non, tu le garderas pendant une heure... (*tirant sa montre.*) Il est onze heures, ainsi...

MARDOCHÉE, *l'interrompant.* Onze heures!.. mais c'est l'heure de la décision du jury.

HENRI. Le grand prix de Rome est nommé!.. Et vite!.. et vite!....

TOUS. A l'exposition!..

PINGOT, *à part.* Bon, bon, fichez le camp.. fichez le camp!

(*Tout le monde se dispose à sortir : les peintres ôtent leurs blouses et prennent leur chapeaux.*)

CHOEUR.

Air *du Fils du Prince.* (Première scène de Chut! Sortie.)

Vite, aux Beaux-Arts! allons connaître
Quel est le vainqueur, mes amis!
Dieu! quel bonheur pour notre maitre,
Si l'un de nous était grand-prix!

PINGOT.

Quelle position fantasque!

PAUL, *à part.*

Vite, allons vendre mon tableau!

PINGOT, *à part.*

J' vas donc pouvoir quitter ce casque
Qui me ramollit le cerveau. (*bis.*)

(*Reprise de l'Ensemble.*)

Vite, aux Beaux-Arts! allons connaître
Etc., etc.   (*Ils sortent.*)

SCÈNE X.

PINGOT, MARDOCHÉE.

PINGOT. Ils sont partis... je me décoiffe. (*il ôte son casque.*)

MARDOCHÉE. Est-ce que tu n'es pas tenté d'aller voir si tu as gagné le grand prix?

PINGOT. C'te bêtise! puisque j'ai pas concouru.

MARDOCHÉE. Quéqu' ça fait... on ne sait pas... que'qfois, le hasard...

PINGOT. Voyez-vous ça, farceur de modèle!.. Et vous, est-ce que vous n'y allez pas?

MARDOCHÉE. Moi, ne pas me rendre au palais des Beaux-Arts?.. ça serait gentil... ça ferait l'effet d'une mariée sans fleur d'oranger... Je vas subito me draper en bourgeois, pour aller poser à l'Institut; car si je figure dans le tableau du vainqueur... je dois, de droit, partager sa couronne.

PINGOT, *à part.* Quel amour-propre barbu!.. Cet homme a la vanité d'un commissaire-priseur.

MARDOCHÉE, *qui commençait à se déshabiller.* Ah diable! j'allais faire une belle boulette.

PINGOT. Une boulette?..

MARDOCHÉE. Et le mannequin que je dois habiller avant de sortir.. ah! ben... M. Firmin ferait un fameux tapage... C'est pour achever le portrait de cette grande dame, qu'il doit livrer après demain... et dont la robe reste encore à faire...

PINGOT. Ne vous gênez pas, j'arrangerai ça... Allez-vous-en...

MARDOCHÉE. Toi!. draper un mannequin?.. c'est pas à ta portée, mon fils! Pour arranger les plis d'une robe, faut avoir le flouflou des arts dans les doigts, vois-tu bien!..

PINGOT. O la malice!..Allez-vous pas me faire accroire que vous avez quelque chose de plus flouflou que moi au bout des doigts?..

MARDOCHÉE, *se mettant en garde.* Tu en doutes?.. Tiens, regarde... une... deux .. hop... touché...

(*Il lui porte des bottes, le jette sur un fauteuil et se sauve dans le vestiaire en emportant le mannequin.*)

PINGOT, *seul et furieux, se tâtant les côtes.* Je trouve ça bête à manger du foin!.. Saperlotte!.. saperlotte!.. je suis donc la victime de tout le monde à la ronde... Il n'y a pas jusqu'aux modèles qui se permettent de me molester à discrétion! J'en ai assez à la fin, et je me raidis contre tout l'atelier... je m'exaspère, je rage... saperlotte! je rage... saperlotte!..j' veux trouver des couleurs atroces pour me venger de tout un chacun! mais c'est par ce scélérat de Paul que je veux commencer, car c'est particulièrement à lui que j'en veux, et à sa petite intrigante de Louise qui ne veut pas m'écouter, sous le frivole prétexte qu'elle ne m'aime pas... une belle raison!.. Oh! je voudrais trouver un moyen pour les brouiller tous les deux!..Voyons, qu'est-ce que je pourrais faire..... Oh!.. ah!.. bon!.. parfait!.. plus que parfait!.. en voilà une vengeance!.. vengeance première qualité! Vite, à l'œuvre!.. Louise est à sa fenêtre; oui, va, chipotte ton ouvrage, petite sournoise..... tu ne sais pas ce qui te pend à ton nez. (*il ferme la fenêtre.*) Voyons... d'abord une lettre! une lettre soignée, selon mes projets. (*il prend un carton à dessin et écrit sur ses genoux.*) « Mademoiselle, une main « anonyme et généreuse vous écrit ces lignes. M. Paul, qui vous « courtise, vous trompe complètement bien. Il est épris d'une « princesse espagnole, très-brune de peau. » (*à part.*) En v'là une couleur! (*écrivant.*) « Très-brune de peau, dont il fait le « portrait mi-corps : l'ardente Andalouse l'adore de son côté, et « ils doivent gagner les Alpes avant huit jours, afin de passer en « Portugal, en vous abandonnant au désespoir... en chaise de « poste. Votre ami intime, trois étoiles. » Nà! à présent, plions, et puis l'adresse... très-bien... Oh! voici Mardochée... je laisse tomber la chose... (*il jette la lettre près du chevalet de Paul.*) et je poursuis mon plan.

(*Mardochée, qui a repris ses habits bourgeois, rentre avec le mannequin habillé qu'il dépose à droite.*)

PINGOT, *fredonnant, après avoir pris sa palette.* Trou... trou... trou... trou...

MARDOCHÉE. C'est fini!.. le mannequin et moi... nous v'là habillés dans le bon genre...

PINGOT. Trou... trou... trou... trou...

MARDOCHÉE, *qui brosse son chapeau.* Est-il bête, cette créature là avec ses trou trou... Allons !.. bonsoir.. jeune Arcadien.

PINGOT. Bonsoir... modèle... (*Regardant à terre, où il a jeté la lettre.*) Tiens... qu'est-ce que c'est que ça?.. une lettre au pied du chevalet de Paul!..

MARDOCHÉE. Hein?..

PINGOT, *la ramassant.* C'est plié en poulet... c'est un poulet.. oh! fameux!.. *A mademoiselle, mademoiselle Louise; très-pressée.*

MARDOCHÉE, *vivement et à part.* A mademoiselle Louise?.. il aura laissé tomber ça par mégarde...

PINGOT. Dites donc... modèle .. faut le lire...

MARDOCHÉE, *lui arrachant la lettre des mains.* Que je le voie !.. donne... je sais ce que c'est... je vas porter ça moi-même à son adresse... d'autant que c'est pressé; je vas la déposer chez le portier.. subito!..

PINGOT. Oh! en v'là de la complaisance! (*il ricanne à part en fredonnant*) Trou... trou.. trou...

MARDOCHÉE, *lui présentant la brosse qu'il n'a pas quittée.* Donne-moi un coup de brosse sur ma colonne dorsale !

PINGOT. Qu'est-ce que vous appelez votre colonne.

MARDOCHÉE. Le dos, conscrit... brosse.

PINGOT, *il le brosse.* Volontiers, Juif errant... trou... trou... trou...
(*Pendant qu'il brosse Mardochée sur l'épaule, il lui dessine un profil dans le dos avec de la craie.*)

ENSEMBLE.

Air *des deux Reines.* (L'air est sans nuage.)

MARDOCHÉE.	PINGOT, *à part.*
Je cours, et bientôt	Il court, et bientôt
On aura ce message!	On lira son message!
Vite, en voyage,	Vite, en voyage,
Dépêchons... et chaud! chaud!	Dépêche-toi... chaud! chaud!
L'amour, la constance	L'amour, la constance
Ont droit à des égards;	Ont droit à des égards ;
Mais, après, je m'élance	J'aime mieux la vengeance,
Au palais des Beaux-Arts!	Au diable les beaux-arts!

PINGOT. C'est fait!
MARDOCHÉE. Merci! adieu!
PINGOT. Y a pas de quoi, bonjour!

SCÈNE XI.

PINGOT *seul.*

Enfoncé, l'homme à la grande barbe! enfoncé le Mardechée! Il ne se doute pas qu'il pose un commissionnaire... ma lettre s'en va à son adresse... A présent, passons au second acte de mon plan de vengeance!.. c'est ça le beau!—En avant le mannequin. (*il approche le mannequin de la fenêtre à droite.*) Dieu! est-il bien mis! il est parlant...Ça me fait une princesse espagnole très-présentable. — Quant à moi, mettons d'abord... d'abord la blouse de Paul!.. (*il met la blouse.*) son bonnet!.. (*il met le bonnet.*) Ah! diable, Paul a des moustaches!.. vite une paire de moustaches. (*il se fait des moustaches avec un pinceau et de la couleur.*) Voilà.. je dois beaucoup lui ressembler... en mieux. Maintenant, ouvrons bien la fenêtre. · Bon!.. voilà la petite qui regarde... oh! dieu! quelle paire d'yeux!.. elle a reçu ma lettre, elle est envenimée! c'est le moment de la pantomime... (*s'adressant au mannequin.*) O ma belle Andalouse!.. ô jeune fille de Grenade et de Portugal.. enfant gâté des sérénades... et des limonades!.. oh!.. moi être bien amoureux de toi, va!.. (*jetant un coup-d'œil au dehors.*

Comme elle regarde! comme elle regarde!.. ça fait de l'effet...
Hardi, chauffons... (*au mannequin.*) Castillanne chérie!.. réponds
à mon amour..... oh! ma lionne, tu me dévores des yeux.....
oh! je veux te ravir un baiser!.... deux baisers qui te brûle-
ront!.... Tiens..... tiens... (*il l'embrasse.*) Dieu!.. que c'est dur!
A présent, ayons l'air d'être surpris... (*il se retourne vers la fenêtre ouverte et jette un cri.*) Ah!.. je suis découvert!.. (*il referme
aussitôt la fenêtre.*) La farce est jouée. (*il ôte le mannequin; Paul
entre précipitamment.*) Oh!.. c'est Paul!.. m'aurait-il vu!.. (*il ôte
vite sa blouse et son bonnet.*) Diable! et mes moustaches!.. et mes
moustaches!

(*Il se tient le nez avec une main pour cacher ses moustaches.*)

SCENE XII.

PAUL, PINGOT.

(*Paul, en entrant, donne quelques signes d'impatience; il pose son
chapeau avec brusquerie.*)

PINGOT, *à part.* Vous revoilà déjà, M. Paul?.. Est-ce que c'est
fini là-bas?

PAUL. Où ça, là-bas?.. aux Beaux-Arts?.. je n'y suis point
allé... Dis-moi, personne n'est venu me demander?.. As-tu revu
M. Dublanc?.. Hein! qu'est-ce que tu dis?

PINGOT, *parlant dans sa main.* M. Dublanc?.. pas vu! (*à part.*)
Il est fort bilieux... s'il se doutait... elle serait solide, la volée!

PAUL. Qu'est-ce que tu rumines... hein?.. Qu'as-tu donc à te
pincer le nez comme ça?

PINGOT. Rien de rien; un léger rhume de cerveau qui me dé-
tériore les narines. Mon nez a attrapé un coup d'air. — Je vas
m'en aller au concours... Au revoir, M. Paul!

PAUL, *qui a été se mettre devant sa toile.* Au diable, Rapin!

PINGOT, *bas, avant de sortir, avec des menaces.* Rapin!.. Il se
moque de toi, le Rapin! (*s'avançant derrière le tableau de Paul.*)
Il t'en fera voir de toutes les couleurs, le Rapin!.. à toi et aux
autres, entends-tu, le Rapin!.. Il ne craint personne, le
Rapin!..

(*Il fait un pas menaçant vers Paul, qui remue son tabouret. Pingot se
sauve précipitamment.*)

---

* Pingot. Paul.

Rapin. 4

SCENE XIII.

PAUL, puis DUBLANC.

PAUL, *qui s'est levé brusquement.* A-t-on plus de malheur !.. Ce maudit brocanteur qui n'était pas chez lui, et qu'il me faut attendre !.. Je lui ai laissé un billet pour lui donner rendez-vous ici... Viendra-t-il ! Ah! les minutes sont des siècles ! Pauvre Louise ! elle doit aussi compter les instans ; cet argent lui est si nécessaire ! (*il ouvre sa fenêtre.*) Oui ! je la vois ; elle est à sa fenêtre. Si je pouvais lui faire comprendre... Eh bien ! que signifie ?.. Elle ferme la sienne !.. elle disparait en pleurant !.. Qu'y a-t-il encore ?.. Ah! je ne puis tenir en place, et je vais...

(*Paul va pour sortir, Dublanc paraît.*)

DUBLANC. Me voici, mon cher M. Paul, me voici !
PAUL. Ah! enfin !.. Je vous attendais avec impatience.
DUBLANC. En effet, votre billet était fort pressant ; aussi me suis-je hâté de me rendre à votre aimable invitation. Que puis-je faire pour vous, cher ami ?.. Vous savez...
PAUL. Venons au fait, monsieur ; il me tarde d'en finir.
DUBLANC. De quoi s'agit-il ?
PAUL. Ce matin, vous m'avez offert cinq cents francs de ce tableau ?
DUBLANC, *à part.* Je ne m'étais pas trompé. (*haut et changeant de ton.*) Ce matin... oui, cher ami... je crois me rappeler...
PAUL. Eh bien ! c'est une affaire conclue : vous pouvez l'emporter sur l'heure, si vous me donnez cette somme.
DUBLANC, *à part.* Il a besoin. (*haut.*) Cinq cents francs, cher ami... c'est bien de l'argent !
PAUL. Comment, monsieur ?.. Mais, ce matin...
DUBLANC, *regardant le tableau.* Sans doute, cher ami, sans doute... Mais, depuis ce matin, vous m'avez laissé réfléchir ; et, dans mes courses, j'ai visité un autre atelier, où j'ai trouvé, à bien meilleur marché, ce qu'il me faut pour mon amateur allemand... On doit calculer... vous entendez bien ?.. et si vous vouliez me céder au même prix...
PAUL, *à part.* Ces choses là n'arrivent qu'à moi... Du malheur ! toujours du malheur ! (*haut.*) Et ce prix, monsieur, et ce prix, quel est-il ?
DUBLANC. Dam ! cher ami... je crois que trois cents bons francs... hein ?
PAUL, *vivement.* Pour cette somme, jamais !
DUBLANC. Allons, allons... il faut de la loyauté... Ce matin,

je vous avais fait espérer davantage... Voyons... quatre cents, à cause de vous; mais pas un sou de plus.

PAUL, à part. Quatre cents francs! c'est la somme qu'il faut à Louise!.. Mais mon tableau! mon nom! l'espoir d'une réputation!.. ah! qu'importe, tout pour elle!

DUBLANC, à part. Il y mord! (haut.) Hé bien, cher ami?

PAUL. Hé bien... je consens.

DUBLANC. C'est donc une affaire arrangée... Je vais subito vous compter votre argent.

(On entend un grand bruit au dehors, et la ritournelle de l'air suivant.)

PAUL. Ce sont eux!.. Ils reviennent de l'Institut.
DUBLANC. Hé bien, cher ami... hé bien...
(La porte de l'atelier s'ouvre; les artistes paraissent.)

DUBLANC, à part. Que le diable les emporte!

PAUL. Les voici!

SCÈNE XIV.

HENRI, MARDOCHÉE, une couronne sur la tête, FIRMIN, PAUL, DUBLANC, TOUS LES ARTISTES. Firmin tient Mardochée par la main.

CHOEUR.

Air : *Buvons à plein verre.* (De Fra-Diavolo. — Premier acte des Roués. — Introduction.)

Loin de nous
L'envie.
Notre âme est ravie!
Oui, sans jalousie,
Il faut chanter tous!
Pour nous quelle gloire!
Qui l'aurait pu croire,
Le grand prix d'histoire,
Il nous est acquis!
Honneur au mérite,
Dont chacun profite!
Amis, crions vite :
Vive le grand prix!

PAUL. Mes amis, qu'avez-vous?.. Le vainqueur serait-il un élève de l'atelier?

MARDOCHÉE. Un peu! — Je l'avais bien dit que je partagerais

le grand prix avec celui qui a consacré mon torse à l'immortalité!

HENRI. Allons, Firmin, c'est à toi de prendre cette couronne.

PAUL. C'est Firmin!.. Allons, mon ami, permets-moi de te féliciter... (*Il lui donne la main.*)

FIRMIN. Oui, mon cher Paul, Henri dit vrai... c'est à moi de prendre cette couronne... (*il prend la couronne sur la tête de Mardochée.*) pour la déposer sur ta tête!

(*Il la pose sur le front de Paul.*)

TOUS, *applaudissant.* Bravo! bravo, Paul!

PAUL, *avec le plus grand étonnement.* A moi cette couronne! à moi le prix!.. O mes amis! vous me trompez.

FIRMIN. Te tromper! non pas; elle t'appartient légitimement.

PAUL, *avec enthousiasme.* Moi! moi, grand prix!.. moi, couronné!.. aujourd'hui... Oh! c'est pour en devenir fou!

FIRMIN. Allons, calme-toi, Paul,.. calme-toi...

PAUL. Que je me calme!.. quand vous m'apportez tant de bonheur et de gloire!.. quand, d'obscur qu'il était, mon avenir devient si beau!

Air de Teniers.

Que je me calme!... ô ciel! est-ce possible!...
Laissez parler, laissez parler mon cœur...
(*Montrant sa couronne.*)
Devant cela peut-on être insensible?
C'est un transport! un délire enchanteur!
(*Répriment tout-à-coup son enthousiasme, et lentement.*)
Et cependant je devrais, il me semble,
De mon bonheur retenir les éclats;
Car ce bonheur, c'est le premier qu'ensemble,
O mes amis! nous ne partageons pas!
Le seul bonheur dont vous ne jouirez pas!

(*Il va serrer la main à tous ses camarades.*)

DUBLANC, *à part.* Diable! voilà son tableau qui devient un tableau d'importance.

PAUL, *serrant la main de Mardochée.* Ce bon Mardochée!

MARDOCHÉE. Bon... et beau, mon grand prix.

DUBLANC. J'espère, mon cher M. Paul, que notre marché tient toujours?

PAUL. Ah! parbleu!.. tout ce que vous voudrez.

DUBLANC. En ce cas, voici quatre cents francs en bons napoléons.

MARDOCHÉE, *vivement*. Quatre cents francs!.. Est-ce que par hasard ce serait son tableau que vous achetez quatre cents francs?..

DUBLANC. Sans doute... c'est chose convenue.

MARDOCHÉE. Eh bien, mon homme, ça ne se fera pas.

FIRMIN. Le tableau d'un grand-prix!.. quatre cents francs!.. c'est infâme!

HENRI. Un tableau comme celui là!

MARDOCHÉE. Rien que mon mollet vaut cent écus!.. C'est une toile de deux mille francs!

FIRMIN. Eh! sans doute; moi je suis sûr d'en trouver six cents francs!

UN AUTRE. Et moi sept cents.

HENRI. Huit cents... neuf cents...

DUBLANC. Arrêtez!.. je le prends pour mille.

FIRMIN. Mille francs!.. personne ne dit mot?.. adjugé pour mille francs!

DUBLANC. C'est bien cher! c'est bien cher... à présent que la main-d'œuvre... N'importe!.. (*à Paul.*) Seulement, cher ami, je vous prierai maintenant de signer le tableau... J'enverrai une croûte à mon Allemand... Voici votre argent.

(*Il lui donne un billet.*)

PAUL. Donnez!.. donnez!.. Ah! maintenant je puis courir chez Louise!
(*Il va pour sortir.*)

SCÈNE XV.

LES MÊMES, LOUISE.*

(*Louise en entrant fait un mouvement de surprise et veut se retirer.*)

PAUL, *allant vers elle et la ramenant*. Comment, Louise, vous ici!..

LOUISE. C'est à vous seul, monsieur, que je voulais parler...

PAUL, *la tirant à part*. Qu'avez-vous donc?.. de quel ton me dites-vous cela?..

LOUISE. Vous m'avez trompée, M. Paul; vous avez abusé de ma confiance... C'est bien mal, et je ne vous aurais jamais cru capable d'une action pareille.

PAUL. Comment, Louise, que signifient ces reproches?.. expliquez-vous.

LOUISE. Je sais tout, et j'épouse celui que ma mère me destine... Quant à vous, monsieur, vous pouvez partir avec votre grande dame espagnole.

PAUL. Mon Espagnole!..

---

* Louise, Paul, Henri, Firmin et Dublanc, les autres au fond qui regardent Louise.

LOUISE, *lui donnant une lettre.* Lisez, vous verrez si je suis bien instruite.

PAUL, *parcourant la lettre.* « Monsieur Paul qui vous courtise, » vous trompe complètement bien... Il est épris d'une princesse » espagnole très brune de peau. » Qu'ai-je lu?.. l'écriture de Pingot!..

(*Il donne la lettre à ses amis.*)

LOUISE. Que dit-il?

PAUL. Eh quoi! Louise, vous avez pu ajouter foi à une pareille lettre!.. Prenez cet argent pour votre mère... je puis maintenant lui demander votre main, car je viens d'obtenir le grand prix.

LOUISE. Il se pourrait!.. quel bonheur!.. Ah! pardon, M. Paul... pardonnez-moi.

PAUL. Ce n'est pas vous qui êtes coupable, ma bonne Louise, c'est celui a écrit cette lettre. Voyez, mes amis, c'est encore un tour de ce méchant Rapin!

(*Il donne la lettre qu'on se passe de main en main.*)

MARDOCHÉE. Et j'ai eu la bêtise de porter ce billet-là!

TOUS. Oh! le gamin!

DUBLANC. C'est lui sans doute qui m'a fourré ce matin un tas de saletés dans ma poche... au point que j'en ai mouché bleu toute la journée!

MARDOCHÉE. J'y suis!.. Le profil que j'ai eu dans le dos et qui m'a fait suivre dans les rues, tout ça, c'est l'ouvrage de Pingot.

FIRMIN. Et nous souffrirons cela!

PAUL. Oh! pour ma part, il le paiera cher.

HENRI. Il faut nous venger.

TOUS. Oui, vengeons-nous!

MARDOCHÉE. Je l'entends qui fredonne en montant l'escalier.

FIRMIN. En avant la grande réception!

TOUS. Oui, oui, la grande réception!

DUBLANC. J'en suis!.. j'en suis!..

LOUISE. Messieurs, ne lui faites pas de mal.

PAUL, *à Louise.* Il ne s'agit que d'une plaisanterie!..

FIRMIN. Silence!..

CHOEUR.

Air *des Huguenots en Touraine, ou une Saint-Barthélemi.*

Mes amis, ah! faisons silence,
Car, vers nous, le Rapin s'avance;
Il mérite notre courroux,
    Vengeons-nous! (*bis.*)

FIRMIN et PAUL.
Quel est l'auteur de tant d' folies?...
TOUS.
Le Rapin!
FIRMIN et PAUL.
De méchantes espiégleries?...
TOUS.
Le Rapin!
Pour punir enfin ces abus,
Tapons d'sus, tapons d'sus, tapons d'sus!

(*On frappe à la porte, et l'on entend la voix de Pingot en dehors. Firmin retient le loquet de la porte en-dedans.*)

Allons, en place,
Jusqu'au dernier,
Et point de grâce,
Point de quartier! (*bis.*)

(*Chacun s'est placé; les uns sont à droite et à gauche avec des projectiles; d'autres ont fait un tampon de leur mouchoir. Henri, monté sur une grande chaise, tient, au-dessus de la porte, une casserole pleine d'eau. Deux autres, de chaque côté, tendent une corde pour faire tomber Pingot. — Sur la reprise du dernier vers du chœur, Firmin ouvre la porte; Pingot entre, et est reçu suivant les préparations ci-dessus mentionnées.*)

SCÈNE XVI ET DERNIÈRE.

LES MÊMES, PINGOT.

PINGOT, *criant*. Oh! ah! ouf!.. à la garde!.. à la garde!.. un commissaire!.. je demande un commissaire!.. au feu!.. c'est une indignité!..

FIRMIN. C'est pour vous apprendre, Rapin, que tôt ou tard le crime reçoit sa récompense.

PINGOT, *criant*. Je ne vous comprends pas!.. je ne veux pas vous comprendre...

MARDOCHÉE. Maintenant... à l'échelle!..

TOUS. A l'échelle!.. à la planche!..

PINGOT, *montant*. C'est monstrueux!.. prenez ma tête!.. prenez ma tête, et que ça finisse...

(*On retire l'échelle. Pingot se trouve sur la planche indiquée à gauche.*)

LOUISE. Assez... assez... messieurs... je demande sa grâce...

PINGOT, *avec fierté*. Je n'en veux pas de ta grâce!.. je ne veux rien de toi ni d'eux... C'est à d'autres que je m'adresserai, quoi que ce soit impoli de parler de là...

AU PUBLIC.

Air : *Vaudeville du Baiser au Porteur.*

Pardon, messieurs, de vous manquer d'usage ;
Je voudrais bien pour vous me déranger ;
Mais de ma planche, et ce serait dommage,
Un rien pourrait me faire déloger,
Je crains les chût's, et je n'ose bouger.
Sur ma sellette en vain je me démanche ;
Mais, j'en suis sûr, vous devinez mon but...
　Ah! permettez que cette planche
Soit aujourd'hui ma planche de salut !
　　　TOUS.
　Ah ! quel bonheur ! si cette planche
Était pour nous, la planche de salut !

FIN.

www.ingramcontent.com/pod-product-compliance
Lightning Source LLC
Chambersburg PA
CBHW060718050426
42451CB00010B/1513